간이역

이대규 제5시집

간이역

좋은땅

서시(序詩)

나의 시

지리산의 높이와
제주 바다 깊이
천둥 같은 침묵의
울림마저 지니지 못한

그대 시는 무엇인가?
대답 대신 울었네
그대를 울리지 못하거든
나를 먼저 흔들어야 하리
울다가 흔들리다 깨어야 하리

다시 그를 만나면
나 노래 부르리
상처에서 핀 꽃,
눈물 진주 모국어

봄 마중 가며 부르는 노래
벼린 칼날보다 퍼런 꿈
풍진 세상 허기진 이들에게
영혼의 양식을 건네고픈 꿈

칼이 밥이 되고 꿈이 되고
꿈이 칼이 되고 밥이 되고픈,
삶이 시가 되고
시가 삶이 되고픈

목차

서시(序詩) — 나의 시　　　　　　　　　　4

1부
사랑이 길을 잃을 때

마지막 소원	12
통영 가는 봄 길	14
꿈을 찍은 사진사	16
가림성 사랑나무	18
고운, 물수제비뜨다	20
협재리 뻐꾹채	22
10월 단상	24
전주 기행	26
변산 마실길, 카페 909	30
눈길에서 봄 길로	33
가을의 소리	34
눈사람	36
능소화	38
구절초	40

2부

꽃차례 그리움

아버지의 땅	42
쑥국새	44
아욱국	47
까치수염	49
가족 이야기	51
꽃보다 아름다운	53
벗에게 가는 길	55
그첨저첨	57
그 섬	60
서천 판교 시간 마을에서	62
사과한다	65
그대 다가와 가을	68
봄 꽃 가을 열매	69

3부

자작나무 봄 숲

코다리를 위하여	74
도다리국을 먹으며	76
벚꽃이 지기 전에	78
비가 와서	80
적상산 사고	82
모악	85
봄 마중	88
겨울 노래	90
이광웅	92
자작 봄 숲을 그리다	95
봄으로 가는 꽃마차	97
새봄엔	99
겨울의 기도	102
수라, 아 수라	104

4부

넓을수록 깊어지고 깊을수록 나직한

친견, 화엄사 적매	108
쌍계사 가는 길	110
궁평항(宮坪港) 가는 길	114
불사조	117
당북마을 보리수	119
옥서면 무등 숲에 들다	121
강	123
안국사 물고기	124
만경강 망해사 · 1	125
만경강 망해사 · 2	126
백양사에서 양이 되다	128
심우(尋牛)	131
간이역	132
가을의 속삭임	133
하늘	135

자작시 해설: 간이역에 이르는 길	137
작가 후기	154

1부

사랑이
길을 잃을 때

마지막 소원

소로처럼 살고 싶네
월든 호숫가 오두막집 주인장,
왕버들 속잎 피는 청암산
호숫길 고요히 걸으며

이제는,
그 호수 숲에선
물끄러미 바라보겠네
남도 대숲 사운대는 푸른 소리
청설모 발걸음 물까치 날갯짓에
가벼이 떨리는 때죽나무
방울꽃 하얀 소리

눈을 한가로이 풀어놓을수록
감각의 촉수 더 섬세해지고
생각마저 자유로이 떠돌도록
내 안의 호수에 하늘빛 비치고

침묵의 소리 들리도록

수없이 많은 길을 걸으며
마침내 내 길을 찾겠네
까치수염 애기나리 피고 지고
갈참나무 소리 없이 내려앉는 길

마을에서 올라온
발자국 희미해지고
투명한 언어 몇 방울
비낀 햇살에 빛나는

통영 가는 봄 길

통영 시인은 아니지만,
통영 가는 길에 떠오르는
시인 백석

첫사랑 천희 '란(蘭)'을 찾아
동지섣달에도 눈이 오지 않는
낡은 항구에 3번이나 왔다는
20대 중반 청년

푹푹 눈 내리는 마가리
산골마을로 도망쳐서라도
수선화를 닮은
아름다운 나타샤와 흰 당나귀와
순결하게 살고 싶어 했던
가난한 시인

사랑과 슬픔이 일렁이는

통영 바다, 그 슬픈 물빛
충렬사 계단에 앉아 노려보았으리
지혜의 칼(尋劍) 마음의 칼(心劍)
심검을 높이 들고 무수히 베었으리
가없이 밀려오는
통제영 앞바다 번뇌 잔물결

옛날이 가지 않은
동피랑 서피랑 골목에
낡은 산 빛 물빛에 스몄으리
친구에게 사랑을 빼앗기고
게사니처럼 떠돌던
백석의 내면풍경

눈 뜬 채 누운 남도 동백
길에서 줍는다
4월의 마지막 봄날

* 천희(千姬): 처녀를 뜻하는 경남방언.

꿈을 찍은 사진사
- 고 유명식 님의 영전에

세상에
사진사는 많지만
꿈을 찍은
사진사는 많지 않지

세상에
빛을 다루는
사진사는 많지만
빛을 준
사진사는 많지 않지

만국기 휘날리는
군산 옥구 학교 운동회며
수학여행 추억의 순간들
둔뱀이 고개 월명산 동산학원
무거운 사진기 매고 오르내리며

까르르 까르르

소년 소녀 웃음까지

앨범에 담아낸 한평생

초등교사로서 사도의 길을 걷다가

군산 중앙로 신광사진관,

고향에 새로운 빛을 던졌지

군산 옥구 모든 학생들의

해맑은 눈동자며 영혼까지

렌즈에 담으려 했던

장인 예술가

90여 년 지상의 길 다하시고

지리산 천왕봉보다

더 높은 하늘로 가시네

광활한 우주에서

지구별 사진 찍기 위해

가림성 사랑나무

사랑이 길을 잃을 때
찾아가고 싶은 곳
부여군 임천면 가림성
사랑나무

백가제해(百家濟海),
만백성을 고통의 바다에서 건지려던
백제의 이상이 무너진 성터

느티나무 한 그루
400여 년 비바람 홀로 맞으며
꿈을 키우고 있다

사비성 구드레나루, 비단강,
황산벌, 탄현, 계룡산
모악산 미륵산에 스민 상처

어루만지며 바라본다

천수천안(千手天眼) 사랑으로

고운, 물수제비뜨다

선유도 망주봉 아래에서
코끼리 바위 곁에서
고운 물수제비떴을까
외로운 구름 최치원

서해 바다 저편 기슭에
이르고 싶은 소망으로
20° 안팎의 입사각,
초속 12m 속도,
초당 14번 회전을 하며
솟구쳤을지도 몰라
네게 이르기도 전에
녹아내린 진흙보살을 생각하며
납작한 조약돌이 되었으리
수수만년 매끈하게 닳아진
너무 두껍거나 무겁지도 않은

사랑은
견고한 고독
머물지 않는 마음

나뭇잎 배로
표표히 날다 내려앉고
이내 다시 솟구치며
장강을 건너온 이여

그리웠노라 연모했노라
침묵의 물보라 잦아드는
가을 오후

협재리 뻐꾹채

산모롱이 돌아가는
떠나는 사랑인가
노루꼬리 늦봄 붙잡으려
뻐꾹 뻐꾹
허허장천 울며 피어나는
하얀 뻐꾹채

다시 찾아오는
철늦은 사랑인가
눈부신 초여름 아침
뻐꾹 뻐뻐꾹
열리는 연보라 뻐꾹채

뻐꾸기 마지막 울음
파동 떨림이 잦아든
내 안의 작은 뜨락

뻐꾹채,
선홍빛 우주

10월 단상

고운 아침은 언제나
나를 위해 밝아오지만
보드레한 실비단 햇살을
추수를 앞둔 들판에 펼치며
여릿여릿 내게 다가오지만

철없던 날들도 많았네
내 마음 커튼을 열어
1억 5,000만km
나를 향해 달려온
햇살 같은 사랑을
가슴에 품을 줄 모르던

10월이여,
귀를 열어야 하는 계절이여
사랑한다 사랑한다
널 사랑한다

속삭임을 들어야 하는
마지막 시간이여

눈을 뜨지 않으면
산에 언덕에
구절초는 피어 무엇하리
귀를 열지 않으면
하늘 가로지르며
기러기는 울어 무엇하리
이 가을에

전주 기행

완산 승암산 태극산 자락
감돌며 소살대는 늦가을 전주천
여문 물살이 되고 싶은 날이 있지
한 생을 함께 걷는 길동무와
물억새길 따라 곱게 흔들리며
풍화되고 싶은 날도 있지

전주 향교 은행나무
꽃비에 흠뻑 취한 후에
한옥마을 어슬렁거렸네
저무는 시간에도 조급할 것 없이
빈 주머니 부끄러워할 것도 없이

향교 옆에서 고른
진한 녹둣빛 천 가방
샤넬백보다 자랑스레 걸치고
성심여고 옆 칼국수 한 그릇에

이내 황금빛 웃음 짓는
시인의 아내, 화가의 남편

마음 한 구석에
향교 경기전 전동성당
은행나무 품은 것일까
소나무 껴안고 물들어 가는
담쟁이 부부

혼불을 살랐던 최명희,
동문거리에서 헌책방을 하던
소설가 이정환을 생각했지
술병 붙들고 악몽을 견디던
'휴전선' 박봉우 시인을 기억했네

양사재에서 제자를 기르던
가람 이병기 선생이며
노송동 언덕배기에서
조선 소나무 선비로 사셨던
고하 최승범 시인

송욱 시를 내게 낭송하시며
송글송글 땀방울 맺힌 채 붓을 잡던
동서학동 유제식 선생을
그리는 늦가을 해질녘

남문 밖 전동성당 터,
망나니 칼춤에도 목을 길게 빼고
하늘만 우러르던 신심이며,
갑오년에 완산을 짓쳐 오르던
14살 소년장수 이복용
초록바위에 뿌린 김개남 붉은 피
여전히 되살아난다

산 곱고 물 맑은 고장,
백성이 주인 되는 세상
미완의 개벽 꿈 간직한 온고을
맺힌 삶 소리로 풀어내는
남도 가락 울려나는 예향
서러움과 신명 뒤섞은 채로
전주천 삼천천 고산천

어우러져 깊어만 간다

만경강 따라 바다로 가는 길
시월 스무날 달빛 받아
저물수록 빛나는
강, 강물아

변산 마실길, 카페 909

날이 저물어도 좋아라
길이 아득해도 여유로워라
변산 마실길에 서면

격포 채석강,
바람과 파도가 억만 세월
켜켜이 쌓은 책갈피를 넘기며
지혜의 말씀을 듣게 되지

죽막동 수성당,
조선 팔도에 여덟 딸 보낸
개양할머니를 만나게 되지
사운대는 시누대 댓잎에서
바다를 다스리며 어부를 지키는
할매 온기를 느끼게 되지

변산 적벽강,

부안 마실길을 걸으면
여름밤 적벽 달빛 아래서
친구랑 뱃놀이하던 소동파며
달빛 젖은 적벽강에 취해
강물 속으로 들어갔다는
이태백을 생각하게 되지

세상이 무거울수록
생의 환희와 황홀경이 그리운 것일까
네 섬에 이를 수 없는
절망감이 엄습해 올 때
기적처럼 길이 열리는
변산 하섬으로 달려가고픈 것일까

아마 이런 곳일 게야
이 세상 어디에 무릉도원이
청학동이 율도국이 있다면
능가산 변산 개암사 내소사
쇠북종 울릴 적마다
만경강 동진강이 한 몸으로

서해 저녁놀에 물드는 곳
채석강 적벽강, 하섬 비안도를
옆구리에 꼬옥 품은 곳

잠시라도 시간을 잊고 싶은
바닷가 집 한 채

눈길에서 봄 길로

눈이 맑은 생명은
함박눈을 좋아한다

거짓을 모르는 영혼은
싸락눈 진눈깨비조차
온몸으로 맞으며
하늘땅이 맞닿은
지평선을 향해 걸어간다

금세 지워지는 발자국인데
어지럽지 않게
한겨울을 가로지른다

눈 이불 덮고 꿈꾸는
풋풋한 보리밭 마늘밭 건너
마침내 봄 길에 이른다

가을의 소리

포르르
갈참나무 잎들이
땅에 안기는
메마른 소리

차르르 찰찰
고군산 바람 만나 살랑이는
옥산 호수 잔물결
동심원 둥근 소리

기럭 끼룩
시베리아 기러기 청둥오리
하늘 길 내는 거룩한 소리

죽동마을 왕대 시누대
빈 가슴으로 사운대는
청청 대바람 소리

깊은 구불길 초로의 동행

걸음걸음 나직한 음색,

도란도란

눈사람

눈매 고운 아이였을까
소복한 눈을 굴려
눈사람을 만든 손길은

솔방울 왕방울 눈동자
팽나무 삭정이 피노키오 코
양말을 끼운 부처 귀
넉넉한 가슴으로 밤새
놀이터에 남아 있다

세파에 더럽힌 어른들,
환멸을 경험한 낡은 영혼들은
더 이상 꿈을 빚지 않는데,
하늘의 언어 순수의 속삭임
온몸으로 받으며 스스로
눈사람이 될 줄도 모르는데

눈감고 눈을 입는구나
거짓 옷을 벗고 마음 창 닦으며
진달래 강산 그리는구나
폐허와 절망을 덮을 때까지
더러움과 치욕을 씻을 때까지

능소화

흔들리며 피웠네
먼나무에 기대어
붉은 꽃잎 푸른 잎
늘어뜨렸네

하늘 호수 새털구름
멀어지는 초가을
그대 영혼 알 수 없고
따를 수 없어
자울락자울락
눈물 녹은 바람만
마음에 이네

바람으로 머문 이여,
온전히 불사른 화산석,
송송 뚫린 붉은 송이석,
가슴에 얹어두고

떠난 사람아

다시 오는 이 가을,
나 홀로 고요히 눕네
붉고 푸른 하늘만 보네

푸른 잎새에 앉은
녹색 바람아
붉은 꽃잎을 스친
꽃바람아
내 사랑아

구절초

어쩌자고 피어나는가
어쩌라고 곱게 벙그는가
백로 추분 언저리

한 해가 속절없이
저물어 가는데
한 생이 속절없이
검붉게 물드는데

사랑아 사랑아
눈매 고운
흰 사랑아

2부

꽃차례
그리움

아버지의 땅

저기, 살구꽃
산벚꽃 기다리시네
막내둥이 오는 군봉산 산길에
산목련 꽃등 하얗게 밝혀두고
연분홍 꽃잎 하롱하롱 날리며
봄길 위에 서 계시네

기러기 두 마리 날개를 편
내 고향 양안(兩雁)마을 산자락
당뇨 간경화 없는 세상에서
긴 겨울밤 홀로 누워 계시더니
막내 발걸음 용케도 들으시고
벌떡 일어나셨구나

55년 세월만큼
그리움으로 깊어진 숲
양지꽃 웃음 짓는 아버지의 땅

분분분 꽃비만

짙어지는 봄날 오후

아부지, 또 올게요

어여 가 어여 가

마을로 내려가는 초로의 막내

산그늘 드리운 9살 철부지

쑥국새

희멀건 시락죽 독새기죽
뻣뻣해진 쑥국 한 사발 먹여
어린것들 뱃속 속여 재운 밤

쑥 국 쑥국 쑤쑥국
길고도 높기만 한
윤사월 보릿고개 마루에서
홀로 애간장 태우시던
쑥국새 뻐꾸기 어매

삭정이마저 바닥난
긴긴 겨울밤
금강을 건너온 바람에
오들오들 함께 떨던
시누대 사시나무숲

옥구평야 징개 맹개 너른 들

희디 흰 햅쌀 쌀가마
전군 신작로, 하포길 따라
죄 없이 끌려와 오사카로 떠났지

째보선창 해안통 미장동
창고며 뜬다리 부두를
진종일 분주히 오가던 할배
궐련 담배 연기 들이키고 내뿜어도
달래지 못하는 남도 설움

그날에도
홍남동 둔뱀이 토막 위에
하늘 있었지
눈시울 붉히며 글썽이며
흙구데기 바라보고 계셨지

선양동(先陽洞) 안둔뱀이
자박자박 첫걸음으로 오셨지
고운 아침 햇살

명산동(明山洞) 금광동(錦光洞)

월명산 자락 어루만졌지

휘허한 비단 달빛

아욱국

고향 마을 대야 큰들
'리즈리 카페' 가는 길
옥산 '행복한 밥상'에서
채식 부페 점심 들고
옥산 농협 로컬푸드 매장

"아욱이 나왔네"
"여린 아욱이 더 좋아"
단 두 마디 했을 뿐인데
풀죽어 깊어진 아욱국이
아침 식탁에서 기다린다

건새우 두부를 넣지 않아도
된장 하나만으로도
충분히 깊은 맛을 담아내는
착한 남도 음식

김이 피어나는 아욱국,
장모님의 손맛이 걸어 나온다
호미 쥔 어머님의 텃밭이 고여 있다
세상의 굵은 소금에도
풀죽지 않던 사랑

그렁그렁 어른거린다
탱자나무집 가는 길

까치수염

꽃 한 송이
열리지 않으리
그리움이 아니라면

한 그리움과
또 한 그리움이 함께
길을 내지 않는다면
내 여름마다 개꼬리풀
까치수염 피어나지 않으리

막내아들 마음속 해마다
은하수 '잠든 별'로 오시는 이여
천둥 같은 고요로 피어나는
'친근한 정'이여

까치의 날갯짓으로도
아직은 닿을 수 없는

저 하늘, 저 언덕

꽃잎 꽃받침부터
하이얀 별꽃으로 피어나는
꽃차례 그리움

가족 이야기
- 꿈

회색빛 토끼 한 쌍

텅 빈 닭장 풀어 놓고

질경이 칡넝쿨

먹이던 소년의 꿈

세월은 흘러갔지만

어제런듯 선연해

토끼야 토끼야 친칠라 내 토끼야

토끼가 닭이 되고 닭들이 염소 되렴

토종돼지 흑돼지 요크셔 흰 돼지

가슴에 흰 띠 두른 햄프셔 키워서

고뚜레 꿴 암송아지 대야장서 데려오자

누렁소 앞세우고

으쓱으쓱 동구까지

자운영 풀밭에서

정답게 함께 누워
하이얀 낮달 아빠께
고향 소식 전하면

꽃보다 아름다운

더러는 깊은 향기
백 리에 풍겨나는
꽃이 있다 하지

더러는 높은 향기
만 리를 흐르는
사람도 있다 하네

천리향 만리향
내 곁에 없어도
꽃보다 아름다운
사람 하나
앞모습은 아름답고
뒷모습은 향기로운

어두운 길에
빛이 되시는 이

험한 나루 건널 때
뗏목이 되시는 길동무

하늘은 아시리,
한 생명이
내게 다가오는 이유
한 우주에게
내가 이끌리는 까닭

벗에게 가는 길

하늘하늘 날갯짓
사람들의 발자취마저
끊어진 날들도 있었지

그리움이 숙성되어
마침내 길이 열리는가
장맛비 그친
징개 맹개 너른들 가로질러
그대에게 가는 길

물을 넘고 건너며
둑방길 봄꽃들에 눈길 주며
은자 호선생을 찾아가던
고계(高啓)의 마음
헤아려 보는 날

잠시 시간을 잊었네

옥정호 '애뜨락' 카페에서
호수에 잠긴 산
천만 년 켜켜이 쌓인
황토 퇴적층 함께 바라보며

우린 다시 총총히
집으로 돌아가야 하지만
마음 밭엔 고운 뜨락 품었지

마음의 오지에
꽃등을 달아 주는 이여
강 저편에 그대 있으니
벗에게로 가는 기쁨으로
고통의 바다 건너게 되리니

아름답고 행복하여라
저무는 생이여

그첨저첨

나이 든 탓일까
1일 6일만 되면
대야 오일장이 궁금하다
혈육 그리움보다 진한
진안 마이산 고추
검붉은 빛이 어른거린다

연시 단감 매단 묘목이 나왔을까
징거미 메기 장수는 좌판을 펼쳤을까
대야 큰들이며 임피 회현 옥산
아니 김제 익산 사람들 무리 속을
송사리 떼 헤엄치듯 흐르고 싶다

오일장에만 문을 여는
장터 짜장면집도 기웃거리고
만원에 3근, 고깃집을 서성이고
물 좋은 군산 먹갈치에

잠시 눈길 주고 싶다

해 설핏하기 전
지경장을 빠져나와
석화리 보덕리 외덕마을
구절리 방죽 끼고 돌며
잔차 페달질을 하노라면
봉황이 알을 품은 산자락

예전만 못하구나
가파른 언덕을 오르는 솜씨
초고층에 모여 사는 우리 가족
집 앞에 꽃이 만발했구나
흰 수국 푸른 수국
노오란 가을 국화

아부지, 당뇨는 어떠세요?
술은 간에 안 좋아요
엄마, 대야 큰들 색이 곱네요
엄마 좋아하는 과꽃 피었네요

막내야, 형 보고 싶어 또 왔냐
머리숱이 헤성헤성하구나
걱정 말그라 모두 평안하다
어여 내려가라 돌아보지 말고
자꾸 눈물 낭게

내 하나밖에 없는 동생아,
너라도 오래 오래 살아
엄마 아빠 형아 보고 잡프면
지나는 길에 가끔 올라와
잔차도 타고
장구경도 할 겸
그첨저첨

* 그첨저첨: 겸사겸사의 전라방언.

그 섬
- '27군우회'를 위하여

친구들은 그를 '황보'라 부른다
숫기가 없는 나는 '펑'이라 부른다
황보(皇甫)라는 희귀 성을 지닌 벗

중학교 고등학교 동창이니
50년 이상의 세월이 쌓였는데
황보와 펑 사이에서
아직도 나는 서성인다

공감선유 야트막한 언덕을
조심스레 오르내리는 벗
수술을 앞둔 무릎에
그가 살아온 세월이 담겨 있으리
미국으로 훌쩍 이민 떠나
아메리칸 드림을 이루기까지
얼마나 치열하게 살았을까

고국이 그리워

친구들이 보고파서

태평양을 건너온 벗님

친구를 위해 불원천리

달려온 얼굴들

친구가 그리워, 난

몇 개의 언덕을 넘었던가

몇 개의 여울을 건넜을까

헤아려 보는 이 밤

깃발 나부끼며 뱃고동 울리며

바다로 배 띄우리

고운 섬 하나 품으리

그대와 나

섬과 섬 사이에 있는

그 섬,

가을 깊을수록 꽃내음 짙어지는

구절초 꽃동산

서천 판교 시간 마을에서

장구리 갯벌에 이르렀을까
판교(板橋), 널다리 아래
빠진 울 아이 고운 치아,
판교천 여울 따라 희리산
마서면 감돌아 흘러 30년

벚꽃 꽃비 날리는
보령 성주산문 폐사지에서
고운 최치원이 지었다는
무염화상 비문이며 석탑,
코를 떼어 주고도 웃음 짓는
미륵 돌부처 열반상을 뵈옵고
집으로 가던 봄 길이었지

속절없이 날은 저물어
어느덧 하구에 이른
시인 화가 부부

잃어버린 시간을 줍는
판교면 '시간이 멈춘 마을'

지한약방, 동림한약방에서
한약사 큰아버지를 만나고,
오방앗간, 동일주조장에서
시마타니 정미소 다녔다는 아버지
동아주조장 사장 큰외삼촌도 보고,
우시장 터에서 친구 영진네
황소 말간 눈망울 떠올라

사격장의 아이들, 별들의 고향,
꼬마신랑, 사랑방 손님과 어머니
빛바랜 포스터 속에서 건지고픈
저 푸르던 날들

회갑을 넘긴 판교극장,
이제 인적이 끊어진
매표소 계단에 서서
내 인생 영사기를 돌려 본다

저 하늘에도 슬픔이,
맨발의 청춘,
미워도 다시 한번

사과한다

장수에서 제자가 보낸
노오란 사과 한 박스
시나노골드
서울 백화점에서나
만날 듯한 신품종 사과

찬 서리 맞으며 완성한
모과 빛 자태
부드러우면서 단단한,
시큼하면서도 달콤한 과육
그윽한 여운 향기

염치없이
염치도 없이
사랑 한 입 베어 물고
사과한다

무진장 눈 퍼붓는 장수
팔공산 서쪽 자락 산서에서
겨울이 닥치기 전 전지를 하고
꽃구경 대신 비행기재 자락에서
사과 꽃을 따 주던 수고로움
난 헤아리지도 못하는데
섬진강을 한 뼘은 족히
깊게 했을 네 땀방울
난 한 번도 닦아 주지 않았는데

사과한다,
사랑한다, 제자여
사랑 열매 가꾸는 법을
제자에게서 배우는 초로의 시인
춘향골 보절중 국어 선생

네 사랑나무 곁에서
나도 연분홍 꽃잎 피우고
꽃자리에 열매 몇 개 맺을 수 있을까
산서 지사 오수천 지나

저무는 섬진강에 이를 수 있을까
이토록 환한 봄날

그대 다가와 가을

그대 내게 다가와
난 비로소
한 송이 구절초
쑥부쟁이 꽃이 되고
검붉은 고욤열매로
영글어 갑니다
사랑이여,
먼 데서 온몸으로 오시는 이여
아, 인생의
가을을 여시는 이여

봄 꽃 가을 열매
− 윤선근 교장선생님 자서전 출간에 부쳐

돌배나무 고욤나무
작은 열매 하나,
한겨울 북풍한설 속에서
견디며 키웠나니

희보얀 꽃 달고
나비 불러 모으고
온몸으로 연초록 잎 피웠나니
투명한 햇살 가슴에 품고
봄 가뭄 여름 땡볕 장맛비 견디며
하늘빛 담아 가을에 이르나니
마침내 고운 꿈 익나니

천년 동안 곡조를 간직하는 벽오동,
일생을 추위 속에 살아도
향기를 팔지 않는 매화를 닮은

한 분을 기억하네

마한의 땅 함열
황토밭 아이로 태어나
올곧게 입신하고
덕윤신(德潤身),
빛나는 인격체 완성하신 이

교학상장(教學相長),
스승과 제자가 넓어지고 깊어져
함께 빛나는 바다에 이르는
즐거움으로 오롯이 살아온
46년 스승의 발자취
마땅히 기리고 싶네

후손이여,
대한민국의 젊은이여,
지구촌의 뒷강물이여,
누가 스승이 없다 하는가
누가 길이 없다 절망하는가

보오얀 봄 길에서 꽃피우고

꽃자리에 열매 맺어 가꾸고

가을 하늘 아래 고운 열매로 남은

아름다운 삶, 맑은 지혜

만나시게,

그대여

3부

자작나무
봄 숲

코다리를 위하여

동태와 생태, 황태와 생태
경계에 있는 명태 코다리
중용, 최고의 맛을 위하여
반쯤 메마른 육신

동해 북태평양
차가운 바다 가로지르다
인제 용대리 진부령 덕장에서
설악을 넘어온 해풍,
대륙 눈보라에 풍장되었으리

오장육부 잃고
코를 꿰어 꾸덕해진 삶
크게 썬 무 위에 누워
대파 양파 청양고추
매콤 달콤한 간장 조림
양념으로 숙성된 그대,

반듯한 콩나물 곁에 눕고
수수한 시래기 뙤리를 틀어
감칠맛 더 웅숭깊구나
마침내 밥이 되고
살이 되는구나

철조망으로 자본으로
남북으로 동서로 갈라진 세상
하늘은 찢어지지 않았으니
바다는 갈라지지 않았으니
깊푸른 영혼을 만나
싱싱한 꼬리 흔들며
푸른 꿈 그리렴

코다리야, 부드럽고
독기 없는 생명아

도다리국을 먹으며

도다리국을 먹는다
서천 홍원항에서 데려온
도다리 무리

빛이 없는 절망의 바다,
가이 없는 삶의 무게를 견디며
천 길 수심 바닥을 헤맸지만
가슴은 희보얀 생명

광어인지 도다린지
아직도 모르는 내게
친구는 좌광우도를 말하지
"광어 왼쪽, 도다리 오른쪽"
도다리는 오른쪽으로
눈이 쏠려 있다고
도다리는 자연산뿐이라고

흑암 빛 등 순백의 가슴
광어, 왼쪽 눈 껌벅이며 길을 찾고
도다리, 오른쪽 눈 반짝이며
빛나는 세상을 그리워하다
마침내 만나야 할 바다

남북으로 갈라지지 않고
동서로 찢어지지 않은
대동 세상,
납작 짓눌린 생명을
그 나라에서 만난다면
좌편향 광어 우편향 도다리
굳이 분별해서 무엇하리

눈감고,
눈감은 도다리국을 먹는다
오늘 밤 꿈길에서는
광어 도다리 넙치 되어
푸르게 춤추고 싶다

벚꽃이 지기 전에

벗이여,
벚꽃이 지기 전에
벚나무 아래 서 보라
겨울을 이겨낸 나무들이
어떻게 꿈꾸고
하르르 하르르
꿈을 나누고
먼 길을 떠나는지

바람 따라 물길 따라
연분홍 꽃잎이 흘러간 자리마다
연초록 봄은 짙어가고
어떻게 새날이 열리는지
지켜보라, 그대여

우리가 걸어간 뒤에
보얀 새봄이 지치면

아름다운 녹음이 피어나고
꿈들이 곱게 물들며
열매 맺지 않겠는가

봄은 오지 않는다고
한번 떠난 봄은
다시 오지 않는다고
창을 굳게 닫아둔
친구여,
벚꽃이 지기 전에
함께 걸어 보자
다시 오는 봄 길을

비가 와서

비가 와서
민달팽이 먼 길을 나서고
반려견 똘이는
애꿎은 인형만 흔든다
노랑부리백로는 무논을 걷고
물까치 후투티는 날개를 편다

백도라지 보랏빛 도라지
얼굴을 활짝 펴고
만경강 갈대는 풀잎을 벼리고
개망초는 동도대장군 깃발을 올린다

이른 장맛비가 찾아와서
빈집에도 능소화가 피어나고
오랜 가뭄에도 빛을 잃지 않던
고구마는 영토를 넓혀 간다

천지사방 단비가 와서
시시한 시인 바퀴를 굴린다
숨찬 공화국 언덕을 넘는다
만경강 망해사, 신선섬 선유도
변산, 위도 율도국 만나러 간다

적상산 사고

망할 놈들,
무주까지 와서
내도리 어죽 빙어튀김
도리댕댕으로 뱃속 채우고
북창마을 머루와인에 취한,
양수발전소 상부댐 전망대에서
덕유산 향로봉 무주 스키장
사방팔방 휘휘 돌아보다
이내 북창마을로 내려가는

망할 놈들,
신록 단풍 비단 치마에만
군침 질질 흘리는 백치,
쥐라기 백악기 시대에
하늘땅이 함께 만든 요새
사고(史庫)를 지어 지키려 했던
조선의 역사

바다 건너, 휴전선 너머로
사라진 아픔도 모르는

붉은 치마 살짝 들췄다고
적상(赤裳) 속살이 보이더냐
천일폭포 물벼락 소리에
깨어난 맑고 푸른 눈으로
적상산성 돌담길을 따라
안국사 호국사 절집에 가야지
고려장군 길을 막는 거대한 바위
오랑캐 무찌르듯 단칼에 베어냈다는
최영 장군 장도바위도 만나야지

망할 놈들,
양수발전소 측량 설계를
오래 전에 일본 사람들이 했다고
선견지명이 있다고 말하는,
렉서스 도요다가 최고라고
일제가 좋다고 염장 지르는

망할 놈들,
처서 가기 전에
적상산 사고를 봐야지
망한 나라 되찾은 광복절마다
사고치는
이 망할 놈의 자식들

모악

모악,
산이 아니구나

물억새들이
야윈 손을 맞잡고
바람에 흔들리고
밤새 울부짖을 때마다
속울음 우는 엄뫼,
남도 울 엄니

진안고원 호남정맥 아래
깃든 모악의 아들 딸
눈 맑은 사람들
황소 눈 껌벅이며
갯땅 일구던
한없이 낮은 숨결

엄뫼 울 엄매 아흔아홉
골골마다 고비마다 쏟은
송글송글 땀방울
아롱아롱 눈물방울
만경강이 되고
동진강이 되고

어린 자식들 볼세라
눈물 닦고 얼굴 헹구면
걷히는 아침 물안개,
말갛게 고운 얼굴
굳센 웃음 짓는
큰뫼 금산

찬 서리 모진 밤이 되면
모악 억새 만경강 물억새
하얀 꿈 함께 날아
비로소 열리는
억센 억새들의 나라

갑오년 삼례 함성
봄이 오는 춘포 나루
징개 맹개 들판 너머
하제 심포 지평선
하늘과 갯들, 강물과 바다가
마침내 하나 되는 꿈결 시간
그윽한 눈길로 바라보는

오매, 저 저,
흙투성이 어매,
개땅쇠 미륵

봄 마중

서설이 내릴 듯하던
대설 저녁, 남도 하늘
눈발이 날린다
광풍이 불고 차가운
눈발이 휘몰아친다

이천 년 전 베들레헴
외양간에 오신 낮은 사랑
기억하는 트리 불빛 대신
분노로 설움으로 절망으로
촛불을 밝히는 겨울 밤

어둠 숲을 지나지 않고
겨울 강을 건너지 않고
찢어지고 못 박히고 죽지 않고
서른세 살 목수는
영생할 수 없었으리

봄은 오지 않는다고
새벽 열리지 않는다고
엠마오로 가는 제자처럼
실망하는 그대여,
그대 곁에 서 계신
부활을 보라

대설 눈발에도 시들지 않은
개망초 산국을 보라
헐벗은 채로 꽃망울 키우는
겨울나무를 보라

이미 성큼 와 있는 봄
산 넘고 바다 건너
떠오르는 아침 햇살을
보라, 잠들지
잠들지 말고

겨울 노래

대설 한겨울
서정시를 쓸 수 없는
시인 남편 펜을 든다

서면 백산 앉으면 죽산
갑오 농민군 죽창 세우듯
어둠 속에서 번득이는
미친 짐승 심장 복판에
화살을 날리려는 듯

화가 난 것일까
화가 아내 칼을 쥔다
여리고 무딘 붓을 버리고
페인팅 나이프를 움켜쥔다
서슬 퍼렇게 벼린 명검인 양
캔버스 아크릴 거칠게 칼질한다
깊이 웅크린 비겁마저 도려낸다

절망하지 않으리
두려워하지 않으리
봄날이 멀어져 가도
북풍한설 군홧발이 밀려와도

죽어도 죽지 않는
삐삐꽃 물억새 물결처럼
나포 웅포 겨울 갈대처럼
웅웅거리며 노래하리
스러지면서 일어나리

따스한 그날 함께 노래하며
눈부신 그 세상 다함께 그리며
피 냄새 잊은 순결한 가슴끼리
겨울 강 건너 건너
화려 강산 남촌으로

이광웅

겨울 밤 모질수록
떠오르는 형형한 눈빛
사랑꾼 시인, 연애쟁이 선생

자유를 사랑한 죄,
민주 평화 민국이를
남 몰래 가슴에 품은
잘못밖에는 없는데
겨울 공화국에도 청청한
솔이 되고자 했을 뿐인데

4월 혁명조차 지우던 82년 봄,
내 고향 군산 조촌동
장군봉 소나무 아래에서
스러진 진달래 영혼을 위해
술잔을 올렸던 국어 선생님,
'병든 서울'을 읽은

눈매 고운 시인이었을 뿐인데

영산홍 철쭉보다 붉은
빨갱이 선생으로 낙인찍고
물고문 전기고문 통닭구이
43일 모진 고문 7년 옥살이

오송회(五松會) 사건, 전교조 해직
고문의 기억과 치욕으로 떨다가
매미골 방죽안 운동장에서
뛰노는 제자들을 그리다가
수선화 핀 교정으로
끝내 돌아가지도 못하고

산자락 낮은 밭머리에 누워
겨울 지낸 봄동 나부랭이
나숭개와 더불어 피어나던 이여
장다리 허연 꽃으로 웃다가
찔레순보다 맑은 음성으로 부르던 이여

비단강 물길조차 막힌
금강 하구 공원에서 외로이
계엄 공화국 높새바람 폭설을 견디며
피가 도는 묵중한 돌로 서 있는 이여
금강과 압록의 물이 얼싸안고 흐를
서해바다 바라보며 꿈꾸는 이여

당신의 시 첫 연만 읽었는지
'목숨을 걸고' 술꾼이 된
광기와 폭력의 화신으로 인해
여전히 어두운 이 땅

시인 이광웅 선생님,
임께서 사랑했던 언어를 뱉어 본다
사랑한다 자유여 민주여
못 견디게 그립다 평화여
다시 만나자 한민족이여
목숨을 걸고
목숨을 걸고

자작 봄 숲을 그리다

내가 잎을 떨구고
북풍한설 광풍에
떨며 떨며 흔들릴 때
그대가 곁에 없었다면

세상 무게 견딜 수 없어
청청 노송조차 설해목 되어
우직우직 가지 찢기던
그해 긴긴 한겨울,
당신이 내 곁에서
눈 부릅뜨고 눈보라에
함께 맞서지 않았다면

자작나무 숲에
물이 솟구치는 소리
자박자박 자작 숲으로
길을 내는 동심원 찬가

우주에 울려 퍼지는
입춘과 우수 사이

사랑이여,
그대 희고운 손잡고
겨울 강을 건너겠네
자작나무 봄 숲에 마침내 이르겠네
흰 옷 입은 꼿꼿한 백성끼리
팔 벌려 고운 햇살 품으며
자작자작 웃음 짓는
그곳

봄으로 가는 꽃마차

남해 광양 하동 구례
섬진강 거슬러 밀려오는 은어 떼,
백매 청매 홍매 꽃망울 맞으러
두 바퀴 굴리고 싶은 날

순자강 보성강
맑고 둥근 방울들이 만나
섬진강 넓어지고 깊어져
마침내 남해 섬 하나 솟는
남도 봄길 꿈길

지리산 백운산 골바람
추위에도 향기를 팔지 않는
황매천 닮은 선비여

을사년 정월 열사흘
차가운 하늘에 달은 차오르는데

숨찬 비탈길에서
여전히 삐걱대고 있구나
봄으로 가는,
봄으로 가야 하는
꽃마차

새봄엔

새봄엔
샛노랗게 울고 싶다
생강나무 산수유
울음보 터뜨리는 고운 들판에서
기어이 통곡하고 싶다

다시 오는 봄날엔
강아지풀 질경이풀
다시 피어나는 고운 얼굴
갈빗대 으스러지도록 끌어안고
천지를 뒤흔들며 울고 싶다

한눈팔고 해찰하던
봄 가시내 들쳐 업고
푸른 하늘 푸른 들판
푸른 웃음 흩뿌리며
남도 들판을 마냥

쏘다니고 싶다

부끄럽지 않게
백목련을 바라보기 위해
외면하지 않고
벚꽃, 그 눈부신 아름다움을
바라보기 위하여
눈 부릅뜨고
지새는 겨울밤

내 사람아,
다시 시작하는 사랑아
광기와 치욕의 시간을
함께 이겨낸 자작나무 숲에서
너랑 나랑 손잡고
히죽히죽 웃고 싶다

눈물 콧물 범벅 얼굴
정겹게 마주보며
설 미친 사내처럼

목 놓아 노래하고 싶다
자유 대한 평화를

겨울의 기도

하늘이여, 겨울밤은
왜 이다지도 깊은지요
발악(發惡)하듯 퍼붓는
눈보라는 언제 멈출까요

심해지는 안구건조증,
안과 병원에 가려다
무릎을 꿇고 기도하네
하늘은 침묵으로 말하는데
눈물이 흐르네

사랑하는 아들아
세한의 시간이 끝났단다
봄까치꽃에 하늘이 있다
너와 함께 견딘 시간이 있다

메마른 눈이 젖었거든

심장이 뜨거워지거라
발선(發善)하거라

사막 세상에서 모래를 삼켜
진주를 만들지 못한 사람은
고향에 갈 수 없나니
그 나라에 이를 수 없나니

탱자나무집 막내야,
탱자울타리 둘러친 마음 밭에서
마지막 담금질을 하거라
제주 대정 적소(謫所)에서
완당 선생이 그러했듯이

수라, 아 수라

비단에 아로새긴 자수(刺繡)
만경강 하구 오식도 인근
수라(繡羅) 갯벌
세계에서 가장 너른 갯벌

사(紗)인지 라(羅)인지,
비단에 다갈색 암화의 수를 놓은 낙원,
수천만 도요새 떼 지어 날고
농게 숨길을 내며 놀았지

새만금 방조제가
바다로 가는 길을 막고
옥구염전에 골프장이 생기면서
터전을 잃은 도요새 저어새 떠나가고
검은머리 물새, 청둥오리
갈 길을 잃었네

고라니 뛰놀지 않고
새들이 날지 않는 세상
갈대가 서걱이지 않는 땅

나이얏!
자본에 취한 우아한 사람들만
늘 푸른 서양 잔디밭을 어슬렁거리는
서해 끝 '당신들의 천국'

한때 몇백 개의 전술핵폭탄이
감춰져 있었다는 내 고향 바닷가에
성조기를 단 가오리 비행기가 날고
민간공항인지 미군 공항인지
아리송한 국제공항을 만든다고
생명의 길을 막는구나

바다를 잃은 만경강은
심장판막증에 걸려
나날이 검푸르러 가고
수라 개펄를 잃은 생명들은

차마 떠나지 못해
고향에서 스러지는구나

아, 수라(繡羅)여
아수라(阿修羅)가 되어 가는
새만금 갯벌이여
생명이 사라진 땅에서
아직도 장밋빛 환상을 좇는
내 고향이여

4부

넓을수록
깊어지고
깊을수록
나직한

친견, 화엄사 적매

화엄매를 만나려 법계에 오른다
마을에서 끌고 온 번뇌 집착 낡은 옷
좁고 가파른 화엄 계단에 훌훌 벗어던지고
각황전 석등 앞에 알몸으로 선다

지난겨울 나를 만나지 못한 게으른 사내
삼월이 다 가기 전에 붉은 꽃 곁에 선다
선재동자 되어 눈감고 붉은 향기를 본다

진리를 그대로 비추는구나
비로자나 부처여, 자연이여,
적멸(寂滅)에 이른 화엄사 적매(赤梅)여

노고단 눈보라 속에서,
달마처럼 혜가처럼 용맹 정진하더니
천수천안 보살처럼 어루만지고 살피더니

그대여, 적매에 취해
대웅전 부처님도 잊고 각황전 석등이며,
효대 가는 계단도 놓쳐도 좋다
절집도 진신사리탑도 묘법연화 원통전
천정 장엄도 그림자이리니
망형(忘形), 형상을 잊으라

각황전으로 벋은 가지처럼,
깨달음을 사모하는 마음결로 산문을 나선다면
천년을 맑고 곱게 화엄삼매에 들 수 있다면,
붉은 꽃 붉은 향기 흩날리지 않겠는가
화엄사 적매처럼

쌍계사 가는 길

살다보면, 때론
길을 잃고 싶은 날이 있지
강물이 넓어지고 깊어져
살진 고기들이 그득 뛰노는
하동 망덕포구 가는 길 버리고
마음 속 그물마저 잊고
샛길로 들어서고 싶은 날도 있지

일부러 그런 것은 아니지만
작정하고 길을 나선 것도 아니지만
곡성 압록 구례 지나
은어마을 솔숲을 보면
단풍잎 내려오는 피아골
연곡사 동부도 북부도
가릉빈가가 되고 싶기도 하지
날개 달린 사람으로
사람을 닮은 새가 되어

천년을 살고 싶기도 하지

머뭇거리다가 지나쳤다면
평사리 고소성 악양에 이르기 전에
마지막 기회가 남아 있지
토지초등학교 눈부신 벚꽃에
화들짝 눈이 열렸거든
화개동천 따라 올라가면 돼
화개장터에서 어슬렁거리지 말고
국밥집 주인의 손짓 눈웃음에
마음 빼앗기지 말고 곧장 내달리면 돼

좀 더 거슬러 오를수록
맑고 향기로운 물길만 좇아
은어 연어의 몸짓으로
불일폭포 가는 길 물어야 해
청학 백학 타고 노닐던
외로운 구름 만나야 해

길이 끊겼다면

아직 내공이 부족하거든
쌍계사 입구 석문에 다다라서
쌍계석문에 새겨진 고운 최치원,
흔적조차 남기지 않은
남명 조식을 만나면 돼

서울로 올라가는 길 버리고
남해로 흘러가는 길 등지고
지리산 삼신산 청학동에 깃들어
학이 되고 흰 구름이 되어
하늘빛을 품었던 바보들을
그저 바라보기만 해도 되는 거야
날은 저물고 길은 멀어도
서두르지 않는 화개동천 물길처럼
그렇게 한생을 살아가는 거야

누군가는 말하지
저물기 전 광양 남해
빛나는 바다에 이르지 못했다고
윤슬로 번득이지 않는다고

하지만 두려워하진 마
시간의 강물은 영원으로 흐르고
오직 썩지 않은 물방울들이 모여
남해 금산 앞바다
섬들을 밀어 올릴 테니

더 늦기 전에
봄날이 다 가기 전에
화개동천에 눈물 한 방울
씨 뿌리듯 떨구며
쌍계사에 가면 돼
이 세상 바깥

궁평항(宮坪港) 가는 길

Take Me Home,
Country Roads
존 덴버처럼 흥얼거리지 않아도
궁평 포구로 가는 길은
길을 잃어도 즐거운 시골길
내 본향, 어머니 뱃속으로
자궁으로 돌아가는 길

한 번쯤은,
잔물결 일렁이는 언덕 기슭에
지친 통통배 깊숙이 밀어 넣고
온몸이 흥건히 젖은 채
속울음 울음 울다
죽음보다 깊은 잠들고 싶은
서해바다, 이 세상 저편

촉촉이 젖은 보드레한 갯벌

평퍼짐한 엉덩이 희보얀 모래톱
해질녘 붉은 울음 울며 울며
낙타는 바다 비단길을 걷고,
열이틀 달빛에 젖은 솔숲에선
소쩍새 홀로 봄노래를 부른다

빛이 없어 오히려 환한
화성 실크로드
당항성 제부도 가는 길
밀물 밀려오고 해 솟으면
사라진 자궁 갯벌 등지고
삶터로 돌아가야 하지만
가슴마다 간직한 궁평 동굴에서
원화위인(願化爲人) 꿈 키우며
석 달 열흘 남은 생을 살게 되리

새우깡에 퇴화된 날개
퍼덕이는 갈매기 조나단,
개펄에서 파고드는 짱둥어,
갯벌을 가로지르는 소라고동,

웃음을 잃어버린 세상 등지고
낡은 카페 꾸려가는 개그우먼 화가,
슬픔의 날실과 기쁨의 씨실 엮어
'달빛 소나타'를 연주하며 살아가리
그곳, 궁평항을 그리워하며

불사조
- 초남이성지에서

진홍, 금빛
빛나는 깃털,
아름다운 울음

생명이 다할 무렵,
향기 나는 나뭇가지 골라
둥우리를 틀고,
스스로 불을 붙여
몸을 태운다

불사조(不死鳥),
죽지 않기 위해
죽어야 하는 새
부활하기 위해
기꺼이 죽는 새

날개마저 태워야
하늘에 닿는 새

당북마을 보리수

나를 기다리고 있던 것일까
옥산면 당북마을 후미진 산책길에
묵중하게 앉은 보리수 한 그루
60여 년 세월 수행했으리
깊고 높은 영성

날개를 지니지 않은 내게
빨간 열매를 내민다
어릴 적 보리똥이라 부르던
새콤달콤한 열매
영혼의 허기를 채운 것일까
붉은 과즙이 핏속으로 흐르고
사리 열매를 뱉어내는 찰나
퍼뜩 떠오르는 보리, 깨달음

범속한 나무와 달리,
벚나무, 뽕나무, 보리수가

봄날이 다 가기 전에
서둘러 익는 자연의 이치

아, 보릿고개 넘은 것은
나뿐이 아니구나, 인간만이 아니구나
버찌, 오디, 보리수 열매 익어
허기진 멧새들의 먹이가 되고
날개를 지닌 생명들은 하늘을 박차고 올라
저 세상에 사랑 나무 심었구나

붓다가 깨달음을 얻었다는
보리수(菩堤樹)는 아니지만,
슈베르트가 노래하던 성문 앞 우물 곁
'린덴바움(Lindenbaum)'도 아니지만

꽁당보리 익어 가는 마을
저녁놀에 함께 불탄다
뜰보리수 곁에 서서

옥서면 무등 숲에 들다

세상 밖으로 난
길을 따라 가노라면
길 아닌 길이 있지
길이 끝난 곳에도
길이 있지

함께 연초록 꿈을 꾸고
그늘 드리워 길손을 맞고
입추 하늘 아래
황톳빛으로 빛나다
알몸으로 함께 눈을 맞는
신성한 숲을 만나게 되지

굵기와 높이가 비슷하니
암수 나무 구별도 힘들지만
메타세콰이아 숲에 들면
이곳이 극락임을 알게 되지

천상천하에 오로지 존귀한 '나'가
더불어 숲을 이룬 세상

무설전 극락전 조사전
절집은 보이지 않지만
꼿꼿한 바람 그윽한 내음
무등(無等) 말없이 설법하지
"하늘 아래 땅 위에
높고 낮은 생명이 없나니"

무량수의 시간이여
무량수의 황금 지혜여
옥서면 지평선 들판
메타세콰이아 아미타불 숲
문득, 가을처럼 깊어진 영혼아

* 메타세콰이아 꽃말 — 아미타불.

강
- 금강 하구 궁멀에서

바다를 연모했지만
내달리지 않는

바다에 이를수록
둥글게 휘돌아 흐르는

넓을수록 깊어지고
깊을수록 나직한

안국사 물고기

뎅그렁 뎅그렁
빛나는 맑은 눈
적상산 안국사 극락전
풍경 물고기

소를 찾았을까
소 발자국을 보았을까
소를 붙들었을까
소 등에 탔을까

시인아,
잠들지 않고
허허장천
모국어 호수에서
낚싯대 드리우는
시시한 시인아

만경강 망해사 · 1

가을이 깊어 갈수록
날이 저물어 갈수록
바다에 이를수록
생이 다할수록

둥글게 느리게
가슴 넓어지고
속 깊어지고
빛나는 고요

내 마음 속
절집이여

만경강 망해사 · 2

서해 그리워
완산 온고을 산골 물
200리 길 달려오면
고군산 서해 바다
봄개나루까지 마중 나가
부둥켜 얼싸안던

목천포 회룡리 굽이돌아
새챙이 불개 전선포 지나
심포까지 황포돛배 띄우고
망둥어 실뱀장어 키워내던

바다로 가는 길 막힌
징개 맹개 가람이여
진봉산 망해사 벼랑 아래
잔물결로 속삭이는구나

우주를 뒤흔드는
쇠북 종 울릴 적마다
여전히 빛나는구나

낙서전 청조헌에 앉은
길 잃은 길손에게
서방정토 보여 주는구나

만경강이여
망해사여

백양사에서 양이 되다

마음이
째보선창 시궁창인 날
그리운 절집 하나

산지니 수지니 해동청 보라매도
쉬어 넘는 장성재 넘어
쌍웅재 장성호 넘고 돌아

환양(還羊),
다시 어린 양이 되고파
환향(還鄉),
고향으로 돌아가는 먼 길

단풍으로 환생한
환양선사(喚羊禪師)가 부른 것일까
백암산 백학봉 아래로
허기진 양들이 떼 지어 몰려든다

쌍계루 맑은 물에 마음 헹구고
은행잎 밟으며 비자림 숲
천진암 오르노라면
어느새 절로 저절로
천진한 어린 양이 되고

애기단풍보다 맑고
연연하게 물드는 마음
백양 BYC 메리야스보다
하이얀 내복을 입은 중생
초식 짐승이 되어 거니는
늦가을 한때

내가 건너온 마을
기억하지 못해도
저편 강 언덕 해 지는 마을
알 수 없어도
은행은 은행대로 노랗게
단풍은 단풍답게 붉게
물드는 시간

달은 푸른 하늘에 있고
물은 병 속에 있구나

집으로 가는 길
만암의 목소리가 따라온다
"이 뭣고"

심우(尋牛)

집,
꽃은 꽃이요
돌은 돌이었네

길,
꽃은 꽃이 아니요
돌도 돌이 아니네

소를 타고
소를 잊고
집으로 돌아가는
먼 길

꽃은 꽃으로
돌은 돌로 보일까?
그 집

간이역

현이 끊어지기 직전의 음색
바흐의 무반주 첼로
심장 깊이 가시를 박는
가시나무새 울음 울리는

천 개의 종이학을 날리고
천 년의 사랑을 하고
천 개의 현을 끊고
천자문을 터득하고
천 편의 시를 써야
비로소 이르는

가을의 속삭임

사랑이여,
늦가을 은행나무 돼라
생을 온전히 불사른 후
무거운 세상 욕망
가벼이 내려놓는

의심과 절망의 어둠 떨치고
비운 마음 바구니
그 은밀한 곳에만
연초록 기쁨 가득 피어나리니

주저치 않고, 두려움 없이
허공에 한 발 내딛는 마음으로
구름 문은 열리나니

내려앉을 가지 하나
여린 풀잎 하나만 붙든

가을 풀여치 되어라
텅 빈 충만을 노래하라
내 사랑이여

하늘
- 해누리, '강화도 이야기 할머니'께

1
무겁고 짙은 안개
해일처럼 밀려올 때
젖은 눈 높이 들어
푸른 호수 바라보네
언제나 시린 눈으로
지켜보는 먼 그대

2
거친 길 무거운 짐
견디기 버거울 적
엄살 투정 화살 매어
멀리 날려 보냈지
그때는 안고 걸었다
토닥이는 사랑아

3
모든 걸 아는 당신
기다린다 약속을
모퉁이 돌고 돌아
앞길이 안 보여도
남은 길 주저치 않고
오르겠네 저 본향

자작시 해설

간이역에 이르는 길

이대규(문학평론가, 시인, 국문학박사)

1. 간이격, 그 매혹과 그리움

이대규 시인의 시에서 간이역은 시점이자 종점이다. 첫 시집《내 마음의 산티아고》맨 앞에 실린 '임피역—산티아고 가는 길·1', 제2시집《월명동 물장수》에 실린 '춘포역에서' '능내역 -산티아고 가는 길·31' 은 간이역에 대한 명상을 담은 작품이다.

작아서 아름답고 / 빛나지 않아 고운 / 내 마음의 간이역 ('임피역' 마지막 연)
춘포는 늘 봄날일 것만 같은 ('춘포역에서' 일부)
빠른 길 곧은 길 / 화려한 길 너머 / 세상 저편 가리키는 ('능내역' 2연)

인용시에서 간이역은 구체적 장소이면서, 마음속에 간직한 상징 공간이다. 작고 빛나지 않는, 화려하지 않아 오히려 고운 곳.

이대규 시인은 제5시집 제목을 아예 《간이역》으로 하고 있다. 표제시 '간이역' 외에도, 《간이역》에 수록된 '쌍계사 가는 길' '궁평항 가는 길' '벗에게 가는 길' '통영 가는 봄길' '전주 기행' 등의 제목이 암시하는 바와 같이, 시인은 길 위에 있다.

간이역은 길과 길 사이에 있다. 먼 길을 달려와 닿고 싶은 곳, 지나온 시간을 반추하는 곳, 가야 할 인생행로를 생각하는 곳, 삶의 자세를 재정립하는 곳. 마침내 이르고 싶은, 이르러야 할 본원(本源).

현이 끊어지기 직전의 음색 / 바흐의 무반주 첼로 / 심장 깊이 가시를 박는 / 가시나무새 울음 울리는 // 천 개의 종이학을 날리고 / 천 년의 사랑을 하고 / 천 개의 현을 끊고 / 천자문을 터득하고 / 천 편의 시를 써야 / 비로소 이르는 ('간이역' 전문)

바흐의 무반주 첼로 음색, 천 년에 한 번 운다는 가시나무새의 노래가 들릴 것만 같은 곳, 간이역. 온 생을 다해 '비로소' 이르고 싶은 인생의 구경적(究竟的) 도달점. 아름다움과 슬픔이 융합된 간이역은 '비극적 황홀'과 같은 매력이 있다. 따라서 간이역에 이르기 위한 여정은 구도행이요, 고통스러운 싸움이다.

  그곳을 소망하는 삶은 노력과 결단을 요구한다. 간이역에 이르기 위해서는 바흐를 연주하는 첼리스트가 되어 인장 한계의 극한까지 밀고 당겨야 한다. 가장 아름다운 울음을 울기 위해 심장 깊이 가시를 박고 천 년의 생을 마치는 가시나무새가 되어야 한다. '빠른 길 곧은 길 / 화려한 길', 세상 중심과 결별하고 저편 변방을 지향하는 인생관 가치관 세계관의 대전환이 필요하다. 소망의 종이학을 접어 날리고, 순간이 영원으로 이어지는 사랑을 하고, 개벽하기 위해 부단히 정진하며, 삶의 이치를 깨우치기 위해 노력해야 한다.

2. 청암산 산책, 청산에 깃들기

  눈을 한가로이 풀어놓을수록 / 감각의 촉수 더 섬세

해지고 / 생각마저 자유로이 떠돌도록 / 내 안의 호수에 하늘빛 비치고 / 침묵의 소리 들리도록 / (중략) / 마을에서 올라온 / 발자국 희미해지고 / 투명한 언어 몇 방울 / 비낀 햇살에 빛나는 ('마지막 소원' 일부)

산책은 인간을 순수 자연에 동화되도록 한다. '애기단풍보다 맑고 / 연연하게' ('백양사에서 양이 되다') 마음을 물들인다. 산책은 '마을'에서 외물(外物)에 오염된 세속적 사고를 정화시킨다. 산책을 하노라면 대상을 쓰임새, 수단으로 바라보지 않고 존재 자체를 소중히 여기게 된다. 편견 선입견에 의해 사소해 보였던 것에도 어느덧 마음을 열게 된다.

제5시집 《간이역》의 첫머리에 실린 '마지막 소원'은 고향 청암산에 깃들어 살고 싶은 시인의 간절한 소망이 형상화되어 있다. 전에는 옥산(玉山, 구슬뫼)이라 불렸던 군산 청암산은 필자의 초등학교 시절 단골 소풍 장소이기도 했다. 당시엔 흙바람 부는 쌍봉리 돌머리방앗간을 지나 옥산 수원지 제방 아래에서 봄 가을 햇살을 즐기며 뛰놀았다. 청암산은 이대규 시인의 시심을 형성하는 데 지대한 영향을 끼친 장소라 할 수 있다. 옥산 수원지 일대는 출입금지구역으로 관리하다가 용담댐 완공 이후 상수원보호구역에서 해제되고, 공식적으로 청암산이라 불리면서 전국적으로 사랑받는 명소가 되었다. 나지막한 산으로 둘러싸인 넓은 호수, 다양한 식생이 공존하는 생태 보고이기도 하다.

'왕버들 속잎 피는 청암산(靑岩山)'은 군산의 구체적 지명이면서, 유토피아적 세계(靑山)의 대유(代喩)다. 시인은 자본이 지배하고 빠름을 추구하는 삶에서 벗어나 느리게 걷는다. 입산을 통해 시인은 훼손된 내면을 회복시키려 한다. 청암산, 백암산이라는 순수 공간으로 가는 길은 다시 어린 양이 되는 일이며, 순수 자아를 찾는 심우(尋牛) 행위다. 초로의 시인은 하늘빛을 담은 고요한 내면 호수에 진여실상(眞如實相)이 비치길 소망한다. 이러한 높은 경지에 이르러 '투명한 언어 몇 방울'의 시편을 남기는 것이 '마지막 소원'이라 시인은 고백하고 있다.

집, / 꽃은 꽃이요 / 돌은 돌이었네 // 길, / 꽃은 꽃이 아니요 / 돌도 돌이 아니네 // 소를 타고 / 소를 잊고 / 집으로 돌아가는 / 먼 길 // 꽃은 꽃으로 / 돌은 돌로 보일까? / 그 집 ('심우(尋牛)' 전문)

구축—해체·탈구축—재구축 과정처럼, 진리를 찾아 떠나는 모험을 하기 전에는 우리는 확신에 차 있고, 모든 것이 자명해 보인다. 하지만 길에서 회의 의심을 하면서 기존 의식이 해체되는 경험을 하게 된다. 반본환원(返本還源)의 경지에 이르면 물은 절로 잔잔하고 꽃은 절로 붉다. 길에서 돌아간 집은 떠나온 집과 닮은 듯 다르다. 시인은 청암산을 걸으며 호수처럼 내면이 청청하고 미혹 번뇌가 없기를 소망하며 시를 쓴다. 공자께서 말씀하신 사무사(思無邪)의 시 정신을 붙들면서.

3. 개인적 꿈과 공동체의 이상

시인은 꿈을 꾸는 존재다. 시인의 꿈은 개인적 자아실현의 욕구는 물론 사회적 자아로서 공동체의 이상을 구현하자 하는 욕망을 함께 내포한다. 이대규 시인은 예술가이자 교육자라는 정체성을 지니고 있다. '꿈을 찍은 사진사'에서 시인은 '군산 옥구 모든 학생들의 / 해맑은 눈동자며 영혼까지 / 렌즈에 담으려 했던 장인 예술가'('꿈을 찍은 사진사') 고 유명식님을 추모하고 있다. 또한 '봄 꽃 가을 열매'에서는 '스승과 제자가 넓어지고 깊어져 / 함께 빛나는 바다에 이르는 / 즐거움으로 오롯이 살아'('봄 꽃 가을 열매') 온 윤선근 교장 선생님을 예찬하고 있다. 지라르(R Girard)의 욕망 이론을 원용하면, 이들은 이대규 시인에게 모델·중개자(仲介者, mediator)라 할 수 있다. 이들의 삶을 본받아 고향과 세상에 새로운 빛을 던지는 예술가, 덕윤신(德潤身)에 이르고 교학상장(教學相長)을 실천하는 스승이 되고 싶은 것이다.

인생은 간이역을 향해 '홀로 가는 먼 길'인 동시에 함께 '빛나는 바다'에 이르고자 하는 여정이다. 시인이 그 길에 동행하는 이들에게 따뜻한 시선을 보내는 것은 이 때문이다. '꽃보다 아름다운'에서는 '어두운 길에 / 빛이 되시는 이 / 험한 나루 건널 때 / 뗏목이 되시는 길동무' 도반(道伴)에 대한 애정과 감사를 표한다. 사람을 만나고 교제와 사랑 나누는 우주적 신비를 누군가는 인연이라 하고, 하늘의 섭리라 한다. 그래서 시인은 이렇게 마무리하고 있다. '하늘은 아시리, / 한 생명이 / 내게 다가오는 이유 / 한 우주에게 / 내가 이끌리는 까닭'('꽃보다 아름다운' 마지막 연)

사과한다, / 사랑한다, 제자여 / 사랑 열매 가꾸는 법을 / 제자에게서 배우는 초로의 시인 / 춘향골 보절중 국어 선생 // 네 사랑나무 곁에서 / 나도 연분홍 꽃잎 피우고 / 꽃자리에 열매 몇 개 맺을 수 있을까 / 산서 지사 오수천 지나 / 저무는 섬진강에 이를 수 있을까 / 이토록 환한 봄날 ('사과한다' 일부)

'사과한다'는 장수군 산서면 비행기재에서 사과 농장을 하는 제자가 보낸 시나노골드 사과를 받고 쓴 시다. '사랑 열매 가꾸는 법을 / 제자에게서 배우는 초로의 시인'. 이대규 시인은 자신도 '연분홍 꽃잎 피우고 / 꽃자리에 열매 몇 개 맺을 수 있'길 소망한다. 아울러 스승과 제자가 함께 '저무는 섬진강에 이를 수 있'길 바란다.

《간이역》 3부에는 시민공동체 민족공동체의 방향성을 모색하는 작품들이 많다. 남북 간의 단절이 고착화되는 분단 조국, 대한민국 내에서 보수와 진보 사이의 갈등이 심화되고 있는 상황에서 쓴 작품들이다. 12·3 계엄은 이러한 소통 부재 단절이 폭력적 형태로 표출되는 계기가 된다.

흑암 빛 등 순백의 가슴 / 광어, 왼쪽 눈 껌벅이며 길을 찾고 / 도다리, 오른쪽 눈 반짝이며 / 빛나는 세상을 그리워하다 / 마침내 만나야 할 바다 // 남북으로 갈라지지 않고 / 동서로 찢어지지 않은 / 대동 세상, / 납작 짓눌린 생명을 / 그 나라에서 만난다면 / 좌편향 광어 우편향 도다리 / 굳이 분별해서 무엇하리 ('도다리국을 먹으며' 일부)

탐진치(貪瞋癡). 불가에서는 이러한 삼독(三毒)의 불(火)을 떠나야 해탈에 이른다고 가르친다. 삼독심은 자신은 물론 타자를 파멸로 이끈다. 분별하는 어리석음(癡)의 불꽃이 의식을 지배하면 타자성을 존중하지 않고, '너'를 판단 주체 '나'에 종속시키게 된다. 공자가 말하는 화이부동(和而不同) 혹은 원효의 화쟁(和諍)은 극단에 대한 집착을 버리고 긍정과 부정의 양 극단을 떠나 긍정과 부정을 자유로이 하라는 가르침이다. '좌광우도'를 말하며 자연산 도다리가 최고라고 주장하는 친구와 달리, 시적화자는 넙치라는 큰 범주에서 두 존재의 유사성을 찾는다. 이항 대립적 사고에 기반을 둔 근대적 인간은 다름·차이를 지나치게 강조한다. 이와 달리 탈근

대적 인간은 닮음을 강조하며 차이가 차별로 이어지는 것을 경계한다. 이런 점에서 볼 때 한국 사회는 아직도 폭력적 근대성에서 벗어나지 못한 것이다.

시인은 국가 폭력으로 희생된 이광웅 시인을 떠올린다. 군산 제일고 국어 교사로 근무하던 중 소위 '오송회(五松會)' 사건으로 7년 투옥, 복직 이후 전교조 창립에 가담했다 해직당하고, 끝내 암을 얻어 세상을 떠나신 분을. 1980년대 5공화국으로 퇴행한 듯한 2024년 겨울 대한민국 현실이 '이광웅'이란 작품을 잉태했으리라.

오송회(五松會) 사건, 전교조 해직 / 고문의 기억과 치욕으로 떨다가 / 매미골 방죽안 운동장에서 / 뛰노는 제자들을 그리다가 / 수선화 핀 교정으로 / 끝내 돌아가지도 못하고 // 산자락 낮은 밭머리에 누워 / 겨울 지낸 봄동 나부랭이 / 나숭개와 더불어 피어나던 이여 / 장다리 허연 꽃으로 웃다가 / 찔레순보다 맑은 음성으로 부르던 이여 // 비단강 물길조차 막힌 / 금강 하구 공원에서 외로이 / 계엄 공화국 높새바람 폭설을 견디며 / 피가 도는 묵중한 돌로 서 있는 이여 / 금강과 압록의 물이 얼싸안고 흐를 / 서해바다 바라

보며 꿈꾸는 이여 ('이광웅' 일부)

서정시를 쓰고 싶은 리얼리즘 시인. 이대규 시인은 조화로운 세계를 꿈꾸지만, 사회 갈등이 심화되고 있는 현실을 외면하지 않는다. 화이부동은 독단과 독선을 경계하는 지성적 태도를 의미하는 것일 뿐 현실을 애써 외면하는 것과는 구분되기 때문이다. 서정시를 쓸 수 없었던 시대를 살아냈던 브레히트(B. Brecht)처럼, 이 시대 대한민국의 지성인들도 사회적 사명을 외면할 수는 없으리라.

사랑이여, / 그대 희고운 손잡고 / 겨울 강을 건너겠네 / 자작나무 봄 숲에 마침내 이르겠네 / 흰 옷 입은 꼿꼿한 백성끼리 / 팔 벌려 고운 햇살 품으며 / 자작자작 웃음 짓는 / 그곳 ('자작 봄 숲을 그리다' 마지막 연)

'자작 봄 숲을 그리다'는 리얼리즘 정신에 투철하되 서정성을 잃지 않은 시다. 이는 제5시집 '서시 — 나의 시'에서 밝힌 바와 같이, '칼이 밥이 되고 꿈이 되고 / 꿈이 칼이 되고 밥이 되고픈' 필자의 문학관에 바탕을 두고 있다.

4. 꽃차례로 피어나는 그리움

《간이역》 2부 '꽃차례 그리움'에는 가족과 친구 등에 대한 그리움의 노래가 많다. 가족애는 인간의 원초적 감정이다. 《가족주의는 야만이다》에서, 이득재는 국가가 담당해야 할 사회적 안전망을 약화한 채 이를 가족에 전가하는 한국 사회의 '가국체제'를 비판하면서 탈주를 주장한다. 하지만 국가는 마땅히 사회복지 시스템을 확충해야 하지만, 한국인 개개인들의 가족애가 미덕인 것은 분명하다. 관계성을 중시하는 한국의 유교문화에서 가족애가 폐쇄적 가족주의로 전락한다고 볼 수는 없다.

서정 장르는 '세계의 자아화'를 그 속성으로 한다. 작가의 상상력의 프리즘을 통해 대상을 투영시켜 보여 주는 것이 서정시인 것이다. '아버지의 땅'을 예로 든다.

저기, 살구꽃 / 산벚꽃 기다리시네 / 막내둥이 오는
군봉산 산길에 / 산목련 꽃등 하얗게 밝혀두고 / 연분홍 꽃잎 하롱하롱 날리며 / 봄길 위에 서 계시네 // 기러기 두 마리 날개를 편 / 내 고향 양안(兩雁)마을 산자락 / 당뇨 간경화 없는 세상에서 / 긴 겨울밤 홀로 누워 계시더니 / 막내 발걸음 용케도 들으시고 / 벌떡 일어나셨구나 ('아버지의 땅' 일부)

제주살이를 마치고 귀향한 시인. 고향 마을 어귀에 핀 살구꽃 산벚꽃을 보며, 아버지가 '막내 발걸음 용케 들으시고' 마중 나오셨다고 생각한다. 아버지에 대한 깊은 애정과 그리움을 전도시켜 표현한 것이다.

한 그리움과 / 또 한 그리움이 함께 / 길을 내지 않는다면 / 내 여름마다 개꼬리풀 / 까치수염 피어나지 않으리 // 막내아들 마음속 해마다 / 은하수 '잠든 별'로 오시는 이여 / 천둥 같은 고요로 피어나는 / '친근한 정'이여 ('까치수염' 일부)

인용시 '까치수염'은 여름철에 소천하신 어머니를 그리는 작품이다. 까치수염이 피어나는 자연 현상을 지상의 막내아들과 천상의 어머니가 서로를 그리워해서 피어난다고 표현하고 있다. '잠든 별' 혹은 '친근한 정'이라는 꽃말을 지닌 까치수염, 개꼬리풀. 총상꽃차례(總狀花序)를 보이는 까치수염은 긴 꽃대에 꽃자루가 있는 여러 개의 꽃이 어긋나게 달려 하나의 꽃과 같은 형태를 띤다. 꽃대의 밑에서부터 흰 꽃들이 피기 시작한다. 까치수염은 무한꽃차례라서 맨 꼭대기는 계속 자라면서 한동안 새로운 꽃을 피워낸다. 이는 그리움의 지속성을 떠올리게 한다. 특히 시인은 '천둥 같은 고요'라는 모순형용(oxymoron)을 통해 모자의 애정의 깊이를 표현하고 있다.

'그첨저첨'은 기존의 시 문법을 깨뜨린 작품이다. 화자는 고향 가족묘에 들러 세상을 떠난 가족들과 대화를 나눈다. 담담한 서술체 문장, 대화체적 독백, 군산 방언을 도입하고 있다. 이는 시인이 가족에 대한 강한 그리움을 형상화하면서도 감정을 절제하려는 의도에서 비롯하고 있다.

막내야, 형 보고 싶어 또 왔냐 / 머리숱이 헤성헤성하구나 / 걱정 말그라 모두 평안하다 / 어여 내려가라 돌아보지 말고 / 자꾸 눈물 낭게 // 내 하나밖에 없는 동생아, / 너라도 오래 오래 살어 / 엄마 아빠 형아 보고 잡프면 / 지나는 길에 가끔 올라와 / 잔차도 타고 / 장구경도 할 겸 / 그첨저첨 ('그첨저첨' 일부)

5. 간이역에서 간이역으로

희멀건 시락죽 독새기죽 / 뻣뻣해진 쑥국 한 사발 먹여 / 어린것들 뱃속 속여 재운 밤 // 쑥 국 쑥국 쑤쑥국 / 길고도 높기만 한 / 윤사월 보릿고개 마루에서 / 홀로 애간장 태우시던 / 쑥국새 뻐꾸기 어매 // 삭정이마저 바닥난 / 긴긴 겨울밤 / 금강을 건너온 바람에 / 오들오들 함께 떨던 / 시누대 사시나무숲 // 옥구평야 징개 맹개 너른 들 / 희디 흰 햅쌀 쌀가마 / 전군 신작로, 하포길 따라 / 죄 없이 끌려와 오사카로 떠났지 // 째보선창 해안통 미장동 / 창고며 뜬다리 부두를 / 진종일 분주히 오가던 할배 / 궐련 담배 연기 들이키고 내뿜어도 / 달래지 못하는 남도 설움 // 그날에도 / 흥남동 둔뱀이 토막 위에 / 하늘 있었지 / 눈시울 붉히며 글썽이며 / 흙구데기 바라보고 계셨지 // 선양동

(先陽洞) 안둔뱀이 / 자박자박 첫걸음으로 오셨지 / 고운 아침 햇살 // 명산동(明山洞) 금광동(錦光洞) / 월명산 자락 어루만졌지 / 휘허한 비단 달빛 ('쑥국새' 전문)

소설가 이청준 선생은 '나를 패배시킨 세계에 대한 복수 행위'로 글을 쓴다고 말한 바 있다. 이처럼 작가론적 관점, 혹은 정신분석학적 관점에서 볼 때, 작가의 글쓰기 행위는 '상처'에서 비롯되는 경우가 많다. 작가는 자신의 상처든 민족 지역 지구공동체의 상처든 아물지 않은 아픔의 심연을 응시하고 이를 들추어내며 치유의 길을 모색하게 된다.

이대규 시인은 제주가 한반도의 제유(提喩)라 생각하며 제3시집 《숨비꽃》 제4시집 《어떤 동백》을 집필한 바 있다. 제주와 마찬가지로, '근대역사도시'라 불리는 군산은 한국 근현대사의 복합적 상처를 간직하고 있다. 시인은 종종 자신의 개인사와 향토사를 연결지어 시화한 바 있다. '가을, 군산 팔마산' '월명동 물장수' '군산, 안단테로 사랑하기' '봄, 군산-채만식 생가에서' '군산, 세한도' '해망동 사람들' '미스김 라일락' 등이 그러하다.

제5시집 《간이역》에 실린 '쑥국새'는 군산의 향토시

인인 작가가 가장 쓰고 싶은 시일지도 모른다. 그럼에도 불구하고 《간이역》에는 군산의 역사 문화를 배경으로 한 작품이 많지 않다. 상투성을 배격하기 위해 숨고르기를 하고 있는 듯하다. 제주살이를 마치고 다시 고향에 정착한 시인은 자주 고향을 어슬렁거린다. 친숙하면도 낯선 고향과 다시 사랑을 시작하려는 것이다. 그 사랑이 꽃피고 열매 맺기를 소망하며, 여전히 군산의 상처를 어루만지고 있다.

수없이 좌절하며 엮은 제5시집 《간이역》. 단순하고 초라하지만, 2025년 봄에 세상에 내미는 66편의 시편으로 시인과 독자의 아린 영혼이 조금이라도 아물기 바란다. 6번째 '간이역'을 향해 다시 먼 길을 가게 되리라. 그 여로의 끝에 가시가 있다면 심장 깊이 받아들이리라. 가시나무새, 울음을 울리라.

작가 후기

　제주에서 제3시집《숨비꽃》(2022) 제4시집《어떤 동백》(2023)을 발간했습니다. 제5시집《간이역》(2025)에는 귀향 이후 쓴 작품 가운데, 살아온 햇수만큼 66편의 시를 간추려 실었습니다.

　1부에는 서정성이 짙은 작품(14편),
　2부에는 육친·친구에 대한 그리움의 노래(13편),
　3부에는 사회 역사적 상상력이 두드러진 작품(14편),
　4부에는 종교적 상상력을 내포한 구도적 시편(15편)
을 배치했습니다.

　제 노래가 메마른 영혼, 외로운 존재, 절망하는 동시대인들께 작은 울림이 될 수 있길 소망합니다. 독자들께 머리 숙여 깊이 감사드립니다. 시력(詩歷)이 다하기 전에 부끄럽지 않은 시집을 다시 엮어 보답할 것을 다짐합니다.

2025년 봄날
심우재에서 이대규

간이역

ⓒ 이대규, 2025

초판 1쇄 발행 2025년 4월 19일

지은이	이대규
펴낸이	이기봉
편집	좋은땅 편집팀
펴낸곳	도서출판 좋은땅
주소	서울특별시 마포구 양화로12길 26 지월드빌딩 (서교동 395-7)
전화	02)374-8616~7
팩스	02)374-8614
이메일	gworldbook@naver.com
홈페이지	www.g-world.co.kr

ISBN 979-11-388-4218-1 (03810)

- 가격은 뒤표지에 있습니다.
- 이 책은 저작권법에 의하여 보호를 받는 저작물이므로 무단 전재와 복제를 금합니다.
- 파본은 구입하신 서점에서 교환해 드립니다.